AF721160

SingLiesel

Satz: Satz für Satz, Wangen im Allgäu

Druck: FINIDR, s.r.o.
Printed in Czech Republic

ISBN: 978-3-944360-29-4

2. Auflage
© 2023 SingLiesel GmbH, Karlsruhe
www.singliesel.de

Bildnachweise:
Blumen: Gizele/Shutterstock.com
Cover-Foto: Ljupco Smokovski/Shutterstock.com

Alle Rechte, auch die des auszugsweisen Nachdrucks, vorbehalten. Dies betrifft auch die Vervielfältigung und Übertragung einzelner Textabschnitte, Zeichnungen, Bilder oder Aufnahmen durch alle Verfahren wie Speicherung und Übertragung auf Papier oder unter Verwendung elektronischer Systeme.

Natali Mallek – Annika Schneider

VÖLLIG VERDREHT

Inhalt

Vorwort

In diesem Buch ist einiges durcheinandergeraten! Haben Sie aber keine Sorge, hier wirklich geht alles mit rechten Dingen zu!

In unseren Gruppenstunden und auch in vielen Einzelbegegnungen mit Senioren erleben wir immer wieder, wie viel Freude ein gut zugeschnittenes und bedürfnisorientiertes Gedächtnistraining bereiten kann. Dabei setzen wir gerne auf Bekanntes und Vertrautes, was den Senioren ein großes Maß an Sicherheit bietet und zugleich viel Interesse und Motivation hervorbringen kann. Besonders für Menschen, die an einer Demenz erkrankt sind, sind vertraute Dinge in einem sonst immer unübersichtlicher werdenden Alltag sehr wichtig.

In diesem Buch haben wir die bekanntesten Sprichwörter und Redewendungen ein wenig verändert. Da die ursprünglichen Sätze den heute lebenden Senioren aber schon seit Kindesbeinen sehr vertraut sind, lassen sich die verdrehten Formulierungen mit viel Freude schnell wieder richtigstellen. Auch Menschen mit Demenz kann man mit diesen altbekannten Sätzen und Sprüchen sehr gut in Gedächtnistrainingseinheiten integrieren.

Vorwort

Die Sprichwörter und Redewendungen, wie wir sie seit jeher kennen, stehen jeweils an erster Stelle. Danach folgt die veränderte Fassung:

Alle verdrehten bzw. verfremdeten Sprichwörter finden Sie hier in zweifacher Ausführung wieder – **in einer leichten und einer schwierigen Variante**. An dieser Stelle überlassen wir Ihnen die Entscheidung, welche Variante Sie für welche Zielgruppe auswählen.

Die **Redewendungen** wurden **in einer eher leichten Variante** abgewandelt, sodass sie auch in vielen Gruppen mit Menschen mit Demenz noch eingesetzt werden können.

Die verdrehten Sätze können Sie den Senioren entweder vorlesen, an ein Flipchart schreiben oder auf einem Arbeitsblatt veranschaulichen. Wer weiß zuerst, wie es richtig heißt?

Wir wünschen Ihnen ein heiteres und erfolgreiches Gedächtnistraining und vor allem viel Freude in Ihren Begegnungen!

Natali Mallek und Annika Schneider

Verdrehte Sprichwörter

1. Aller Tage ist nicht Sonntag
   Leicht: Aller Tage ist nicht Montag
   Schwer: Aller Wochen ist nicht Urlaub

2. Alle Wege führen nach Rom
   Leicht: Alle Straßen führen nach Rom
   Schwer: Alle Gassen führen nach Paris

3. Aller guten Dinge sind drei
   Leicht: Aller guten Dinge sind vier
   Schwer: Aller schlechten Dinge sind sechs

4. Alles Gute kommt von oben
   Leicht: Alles Nasse kommt von oben
   Schwer: Alles Schlechte kommt von unten

5. Alles hat ein Ende, nur die Wurst hat zwei
   Leicht: Alles hat ein Ende, nur die Wurst hat keins
   Schwer: Die Wurst hat zwei Enden, nur der Käse hat keins

6. Alte Liebe rostet nicht
   Leicht: Junge Liebe rostet nicht
   Schwer: Frische Liebe altert nicht

7. Alter schützt vor Torheit nicht
   Leicht: Alter schützt vor Klugheit nicht
   Schwer: Jugend bewahrt vor Schlauheit nicht

8. An Gottes Segen ist alles gelegen
   Leicht: An Gottes Wegen ist alles gelegen
   Schwer: Von Gottes Wesen ist alles gelesen

9. Andere Länder, andere Sitten
   Leicht: Andere Städte, andere Sitten
   Schwer: Gleiches Dorf, gleiche Regeln

10. April, April, der weiß nicht, was er will
    Leicht: April, April, weiß immer, was er will
    Schwer: Der Mai, der Mai, der macht sein Einerlei

11. Arbeit ist das halbe Leben
    Leicht: Freizeit ist das halbe Leben
    Schwer: Leben ist die ganze Arbeit

12. Auch ein blindes Huhn findet mal ein Korn
    Leicht: Auch ein blindes Korn findet mal ein Huhn
    Schwer: Auch ein sehender Hahn sucht mal ein blindes Huhn

13. Auf jeden Topf passt ein Deckel
Leicht: Auf jede Pfanne passt ein Deckel
Schwer: Unter jede Kaffeetasse passt eine Untertasse

14. Auf Regen folgt Sonnenschein
Leicht: Auf Regen folgt Donnergrollen
Schwer: Auf Sonnenschein folgen Regenschauer

15. Auge um Auge, Zahn um Zahn
Leicht: Ohr um Ohr, Zahn um Zahn
Schwer: Arm um Hand, Bein um Fuß

16. Aus den Augen, aus dem Sinn
Leicht: Aus den Augen, aus dem Blick
Schwer: Aus den Ohren, aus dem Kopf

17. Aus Fehlern wird man klug
Leicht: Aus Fehlern wird man dumm
Schwer: Aus Erfolgen lernt man nicht

18. Aus Kindern werden Leute
Leicht: Aus Kindern werden Erwachsene
Schwer: Aus Knaben werden Männer

19. Ausnahmen bestätigen die Regel
    Leicht: Regeln bestätigen die Ausnahme
    Schwer: Ausnahmen kommen aus Regeln

20. Bei Nacht sind alle Katzen grau
    Leicht: Bei Nacht sind alle Katzen weiß
    Schwer: Bei Tag sind alle Katzen gestreift

21. Bescheidenheit ist eine Zier, doch weiter kommt man ohne ihr
    Leicht: Großzügigkeit ist eine Zier, doch weiter kommt man ohne ihr
    Schwer: Besonnenheit ist eine Zier, und weiter kommt man auch mit ihr

22. Besser den Spatz in der Hand als die Taube auf dem Dach
    Leicht: Besser den Hamster in der Hand als den Hund auf dem Dach
    Schwer: Besser die Katze im Arm als den Tiger im Garten

23. Besser spät als nie
    Leicht: Besser spät als morgen
    Schwer: Besser früh als zu spät

24. Bier auf Wein, das lass sein; Wein auf Bier, das rat ich dir
Leicht: Sekt auf Wein, das lass sein; Wein auf Sekt, das rat ich dir
Schwer: Wasser auf Saft, das kann sein; Saft auf Wein, das lass sein

25. Blut ist dicker als Wasser
Leicht: Blut ist dicker als Wein
Schwer: Nektar ist dicker als Saft

26. Das Auge isst mit
Leicht: Der Mund isst mit
Schwer: Das Ohr sieht mit

27. Das Ei will oft klüger sein als die Henne
Leicht: Das Ei will oft klüger sein als der Hahn
Schwer: Der Welpe will oft schlauer sein als der Hund

28. Das höchste Glück der Erde liegt auf dem Rücken der Pferde
Leicht: Das höchste Glück der Pferde liegt auf dem Rücken der Erde
Schwer: Das höchste Glück der Welt liegt auf dem Dach von meinem Zelt

29. Das Hemd ist einem näher als die Hose
Leicht: Die Bluse ist einem näher als die Hose
Schwer: Die Pumps sind einem enger als die Sportschuhe

30. Das letzte Hemd hat keine Taschen
Leicht: Das letzte Hemd hat keine Knöpfe
Schwer: Die erste Hose hat keinen Gürtel

31. Den Letzten beißen die Hunde
Leicht: Den Letzten beißen die Flöhe
Schwer: Den Ersten kratzen die Katzen

32. Der Apfel fällt nicht weit vom Stamm
Leicht: Der Apfel fällt nicht weit vom Ast
Schwer: Die Birne fällt nicht weit vom Zwetschgenbaum

33. Die dümmsten Bauern haben die dicksten Kartoffeln
Leicht: Die klügsten Bauern haben die kleinsten Kartoffeln
Schwer: Die schlausten Mägde haben die größten Rüben

34. Der frühe Vogel fängt den Wurm
Leicht: Der verspätete Vogel fängt den Wurm
Schwer: Der frühe Wurm fängt den Vogel

35. Der Glaube kann Berge versetzen
Leicht: Der Glaube kann Gebirge versetzen
Schwer: Der Mut kann Flüsse umleiten

36. Der Klügere gibt nach
Leicht: Der Dümmere gibt nach
Schwer: Der Clevere gibt nicht auf

37. Der Mensch denkt und Gott lenkt
Leicht: Gott denkt und der Mensch lenkt
Schwer: Das Tier lenkt und der Mensch schwenkt

38. Der Mensch lebt nicht vom Brot allein
Leicht: Der Mensch lebt nicht vom Wasser allein
Schwer: Der Mann lebt nicht vom Bier allein

39. Der Ton macht die Musik
Leicht: Die Note macht die Musik
Schwer: Die Melodie macht das Lied

40. Der Weg ist das Ziel
Leicht: Der Pfad ist das Ziel
Schwer: Das Ziel liegt auf dem Weg

41. Der Zweck heiligt die Mittel
Leicht: Der Nutzen heiligt die Mittel
Schwer: Das Bauwerk heiligt die Werkzeuge

42. Des einen Freud ist des anderen Leid
Leicht: Des einen Freud ist des anderen Kummer
Schwer: Des einen Hemd ist des anderen Hose

43. Die Axt im Haus erspart den Zimmermann
Leicht: Der Zimmermann im Haus erspart die Axt
Schwer: Die Nadel im Haus erspart den Schneider

44. Die Katze lässt das Mausen nicht
Leicht: Der Hund lässt das Mausen nicht
Schwer: Die Maus lässt das Hamstern nicht

45. Die Letzten werden die Ersten sein
Leicht: Die Hinteren werden die Ersten sein
Schwer: Die Enden werden der Anfang sein

46. Die Schönheit liegt im Auge des Betrachters
Leicht: Die Hässlichkeit liegt im Auge des Betrachters
Schwer: Die Brillanz liegt im Sinne des Betrachters

47. Die Sonne bringt es an den Tag
Leicht: Der Regen bringt es an den Tag
Schwer: Der Mond bringt es in die Nacht

48. Die Tat wirkt mächtiger als das Wort
Leicht: Die Schrift wirkt mächtiger als das Wort
Schwer: Der Kuchen wirkt mächtiger als das Mehl

49. Die Zeit heilt alle Wunden
Leicht: Ein Pflaster heilt alle Wunden
Schwer: Die Uhr heilt alle Verletzungen

50. Drum prüfe, wer sich ewig bindet, ob sich das Herz zum Herzen findet
Leicht: Drum prüfe, wer sich ewig bindet, ob sich der Hans zum Lieschen findet
Schwer: Drum teste, wer sich kürzlich bindet, ob sich Topf zu Deckel findet

51. Durch Schaden wird man klug
Leicht: Durch Schaden wird man dumm
Schwer: Durch Unglück wird man schlau

52. Ehrlich währt am längsten
Leicht: Gelogen währt am längsten
Schwer: Lügen währt am kürzesten

53. Eichen sollst du weichen, Buchen sollst du suchen
Leicht: Buchen sollst du weichen, Eichen sollst du suchen
Schwer: Straßen sollst du weichen, Ampeln sollst du suchen

54. Eigener Herd ist Goldes wert
Leicht: Eigener Backofen ist Goldes wert
Schwer: Eigener Topf ist Silbernes wert

55. Ein Bild sagt mehr als tausend Worte
Leicht: Ein Bild sagt mehr als tausend Töne
Schwer: Ein Lied sagt mehr als tausend Küsse

56. Ein gebranntes Kind scheut das Feuer
Leicht: Ein gekühltes Kind scheut das Feuer
Schwer: Ein durchnässtes Kind scheut das Wasser

57. Ein gutes Gewissen ist ein sanftes Ruhekissen
Leicht: Ein schlechtes Gewissen ist ein hartes Ruhekissen
Schwer: Ein sanftes Gewissen ist eine weiche Ruhedecke

58. Ein Küsschen in Ehren kann niemand verwehren
Leicht: Eine Umarmung in Ehren kann niemand verwehren
Schwer: Einen Tritt in Gedenken kann niemand bedenken

59. Ein Schelm, der Böses dabei denkt
Leicht: Ein Schelm, der Gutes dabei denkt
Schwer: Ein Geizhals, der Nettes dabei denkt

60. Ein schöner Rücken kann auch entzücken
Leicht: Ein freundlicher Rücken kann auch entzücken
Schwer: Ein schöner Hintern kann auch überwintern

61. Ein Unglück kommt selten allein
Leicht: Ein Unglück kommt selten zu zwei'n
Schwer: Ein Drama geht selten allein

62. Ein voller Bauch studiert nicht gern
Leicht: Ein voller Bauch malt nicht gern
Schwer: Ein leerer Bauch spielt nicht gern

63. Eine gebratene Taube fliegt keinem ins Maul
Leicht: Ein gebratenes Hähnchen fliegt keinem ins Maul
Schwer: Ein gekochtes Schwein fliegt keinem ans Bein

64. Eine Schwalbe macht noch keinen Sommer
Leicht: Eine Rose macht noch keinen Sommer
Schwer: Eine Schneeflocke macht noch keinen Winter

65. Eine Hand wäscht die andere
Leicht: Eine Hand badet die andere
Schwer: Ein Fuß verschmutzt den anderen

66. Eine Krähe hackt der anderen kein Auge aus
Leicht: Ein Rabe hackt dem anderen kein Auge aus
Schwer: Ein Tiger kratzt dem anderen keinen Streifen weg

67. Einem geschenkten Gaul schaut man nicht ins Maul
Leicht: Einem geschenkten Gaul schaut man nicht unter die Hufe
Schwer: Einer geliehenen Taube schaut man nicht unter die Haube

68. Erst die Arbeit, dann das Vergnügen
Leicht: Erst das Vergnügen, dann die Arbeit
Schwer: Erst das Werken, dann das Bierchen

69. Es gibt nichts Gutes, außer man tut es
Leicht: Es gibt nichts Gutes, außer man ruft es
Schwer: Es gibt nichts Schlechtes, außer man lässt es

70. Es ist nicht alles Gold, was glänzt
Leicht: Es ist nicht alles Bronze, was glänzt
Schwer: Alles ist Silber, was funkelt

71. Es ist niemals zu früh und selten zu spät
Leicht: Es ist niemals zu früh, aber immer zu spät
Schwer: Es ist immer zu früh und regelmäßig zu spät

72. Es ist noch kein Meister vom Himmel gefallen
Leicht: Es ist noch kein Meister auf die Erde gefallen
Schwer: Es ist noch kein Lehrling auf einen Baum geflogen

73. Es ist noch nicht aller Tage Abend
Leicht: Es ist noch nicht aller Tage Morgen
Schwer: Es ist bald aller Nächte Mitternacht

74. Es wird nichts so heiß gegessen, wie es gekocht wird
Leicht: Es wird nichts so heiß gekocht, wie es gegessen wird
Schwer: Nichts wird so heiß genascht, wie es gebacken wird

75. Essen und Trinken hält Leib und Seele zusammen
Leicht: Brot und Wasser hält Leib und Seele zusammen
Schwer: Roulade und Wein hält Körper und Herz zusammen

76. Etwas ist faul im Staate Dänemark
Leicht: Etwas ist faul im Staate Norwegen
Schwer: Etwa riecht streng im Lande Österreich

77. Fleiß ist des Glückes rechte Hand, Sparsamkeit die linke
Leicht: Ruhen ist des Glückes rechte Hand, Sparsamkeit die linke
Schwer: Urlaub ist des Glückes rechte Hand, Geldausgeben die linke

78. Frisch gewagt ist halb gewonnen
Leicht: Frisch gewagt ist ganz gewonnen
Schwer: Zögernd gewagt ist drei viertel gewonnen

79. Früh übt sich, was ein Meister werden will
Leicht: Früh übt sich, was ein Lehrling werden will
Schwer: Spät lehrt sich, was ein Angestellter werden will

80. Geben ist seliger denn Nehmen
Leicht: Nehmen ist seliger denn Geben
Schwer: Tun ist seliger denn Ruh'n

81. Gegensätze ziehen sich an
Leicht: Unterschiede ziehen sich an
Schwer: Gemeinsamkeiten ziehen sich aus

82. Gegen Dummheit kämpfen selbst Götter vergebens
Leicht: Gegen Klugheit kämpfen selbst Götter vergebens
Schwer: Für Intelligenz kämpfen selbst Göttinnen vergebens

83. Geteiltes Leid ist halbes Leid
Leicht: Ganzes Leid ist halbes Leid
Schwer: Geviertelte Freud ist ganze Freud

84. Gleich und gleich gesellt sich gern
Leicht: Mayer und Mayer gesellen sich gern
Schwer: Katz und Maus gesellt sich nicht

85. Gottes Mühlen mahlen langsam
Leicht: Gottes Müller mahlen langsam
Schwer: Gottes Flüsse fließen schnell

86. Große Ereignisse werfen ihre Schatten voraus
Leicht: Große Ereignisse werfen ihre Wolken voraus
Schwer: Kleine Ereignisse fangen ihre Sonnenstrahlen auf

87. Gut Ding will Weile haben
Leicht: Gut Ding will Muße haben
Schwer: Schlecht Ding will Langeweile haben

88. Handwerk hat goldenen Boden
Leicht: Denksport hat goldenen Boden
Schwer: Kunstwerk hat silbernen Boden

89. Hochmut kommt vor dem Fall
Leicht: Tiefgang kommt vor dem Fall
Schwer: Fallen kommt vor dem Flug

90. Hunde, die bellen, beißen nicht
Leicht: Katzen, die fauchen, beißen nicht
Schwer: Hamster, die laufen, kratzen nicht

91. Hunger ist der beste Koch
Leicht: Hunger ist der beste Bäcker
Schwer: Durst ist ein schlechter Sommelier

92. Im Dunkeln ist gut munkeln
Leicht: Im Dunkeln ist gut schunkeln
Schwer: Im Hellen ist gut bellen

93. In der größten Not schmeckt die Wurst auch ohne Brot
Leicht: In der größten Not schmeckt der Käs' auch ohne Brot
Schwer: In der kleinsten Not schmeckt der Wein auch ohne Glas

94. In der Not frisst der Teufel Fliegen
Leicht: In der Not isst der Teufel Asche
Schwer: In der Freude isst der Engel Pralinen

95. In der Kürze liegt die Würze
Leicht: In der Würze liegt die Kürze
Schwer: In der Länge liegt die Enge

96. In der Liebe und im Krieg ist alles erlaubt
Leicht: In der Liebe und im Frieden ist alles erlaubt
Schwer: Im Hass und im Frieden ist nichts verboten

97. In der Ruhe liegt die Kraft
Leicht: In der Hast liegt die Kraft
Schwer: In der Schule liegt das Lernen

98. In einer rauen Schale steckt oft ein weicher Kern
Leicht: In einer weichen Schale steckt oft ein rauer Kern
Schwer: In einer harten Hülle steckt oft eine sanfte Fülle

99. Irren ist menschlich
Leicht: Irren ist göttlich
Schwer: Wissen ist teuflisch

100. Ist der Ruf erst ruiniert, lebt es sich ganz ungeniert
Leicht: Ist der Ruf erst ungeniert, lebt es sich oft ruiniert
Schwer: Ist der Schrei erst ruiniert, lebt es sich ganz unbeirrt

101. Ist die Katze aus dem Haus, tanzen die Mäuse auf dem Tisch
Leicht: Ist die Maus aus dem Haus, tanzt die Katze auf dem Tisch
Schwer: Sind die Hamster im Haus, tanzt der Kater unterm Tisch

102. Je später der Abend, desto schöner die Gäste
Leicht: Je früher der Abend, desto schöner die Gäste
Schwer: Je früher die Nacht, desto später die Gäste

103. Jedem Tierchen sein Pläsierchen
Leicht: Jedem Bierchen sein Pläsierchen
Schwer: Jedem Fässchen sein Gläschen

104. Jeder ist seines Glückes Schmied
Leicht: Jeder ist seines Glückes Müller
Schwer: Jeder ist seines Pechs Schuster

105. Jedes Böhnchen gibt ein Tönchen
Leicht: Jedes Söhnchen gibt ein Tönchen
Schwer: Jedes Erbslein macht ein Scherzlein

106. Käse schließt den Magen
Leicht: Wurst schließt den Magen
Schwer: Milch öffnet den Darm

107. Keine Rose ohne Dornen
Leicht: Kein Löwenzahn mit Dornen
Schwer: Keine Nelke ohne Welken

108. Kinder und Narren sagen die Wahrheit
Leicht: Rinder und Narren sagen die Wahrheit
Schwer: Amseln und Finken singen die Wahrheit

109. Kindermund tut Wahrheit kund
Leicht: Kindermund tut Gutes kund
Schwer: Kinderlachen tut wahre Sachen

110. Kleine Geschenke erhalten die Freundschaft
Leicht: Kleine Freundschaften erhalten die Geschenke
Schwer: Große Geschenke erhalten die Nachbarschaft

111. Klappern gehört zum Handwerk
Leicht: Klappern gehört zum Porzellanwerk
Schwer: Sägen gehört zum Tischlerwerk

112. Kleider machen Leute
Leicht: Hosen machen Leute
Schwer: Röcke machen Damen

113. Kleine Kinder, kleine Sorgen – große Kinder, große Sorgen
Leicht: Kleine Kinder, kleine Hosen – große Kinder, große Hosen
Schwer: Kleine Socken, kleine Löcher – große Socken, große Löcher

114. Kommt Zeit, kommt Rat
Leicht: Kommt Zeit, kommt Tat
Schwer: Kommt Wecker, kommt Aufstehen

115. Kräht der Hahn auf dem Mist, ändert sich das Wetter, oder es bleibt, wie es ist
Leicht: Kräht die Henne auf dem Mist, ändert sich das Wetter, oder es bleibt, wie es ist
Schwer: Grunzt das Schweinchen auf dem Mist, holt's der Bauer, oder es bleibt, wo es ist

116. Lachen ist die beste Medizin
Leicht: Naschen ist die beste Medizin
Schwer: Grinsen ist das beste Medikament

117. Langes Fädchen, faules Mädchen
Leicht: Kleines Pastetchen, faules Mädchen
Schwer: Langes Warten, faule Taten

118. Langer Rede kurzer Sinn
Leicht: Langer Rede kurzer Beifall
Schwer: Großer Ansprache kleine Wirkung

119. Lebe glücklich, lebe froh wie der Mops im Haferstroh
Leicht: Lebe glücklich, lebe froh wie die Katz im Haferstroh
Schwer: Lebe glücklich, lebe nett wie der Has' im Weizenbett

120. Lehrjahre sind keine Herrenjahre
Leicht: Lehrjahre sind keine Damenjahre
Schwer: Urlaubsjahre sind keine Knechtschaftsjahre

121. Liebe geht durch den Magen
Leicht: Liebe geht durch die Niere
Schwer: Hass geht durch den Darm

122. Liebe macht blind
Leicht: Liebe macht taub
Schwer: Hass macht stumm

123. Liebe vergeht, Hektar besteht
Leicht: Hektar vergeht, Liebe besteht
Schwer: Pech vergeht, Grundstück besteht

124. Lieber ein Ende mit Schrecken als ein Schrecken ohne Ende
Leicht: Lieber ein Ende mit Kanten als Kanten ohne Ende
Schwer: Lieber ein Anfang mit Ende als ein Ende ohne Anfang

125. Lügen haben kurze Beine
Leicht: Lügen haben lange Beine
Schwer: Wahrheiten haben schöne Arme

126. Man ist so jung, wie man sich fühlt
Leicht: Man ist so alt, wie man sich sieht
Schwer: Man ist so groß, wie man sich gibt

127. Man muss das Eisen schmieden, solange es heiß ist
Leicht: Man muss das Kupfer schmieden, solange es heiß ist
Schwer: Man muss das Glas formen, bis es kalt ist

128. Man muss die Feste feiern, wie sie fallen
Leicht: Man muss die Feste feiern, wie sie stolpern
Schwer: Man muss die Geburtstage feiern, wie sie rutschen

129. Man soll den Tag nicht vor dem Abend loben
Leicht: Man soll den Abend nicht vor dem Tag loben
Schwer: Man soll die Nacht nicht vor dem Morgen loben

130. Mit Speck fängt man Mäuse
Leicht: Mit Käse fängt man Mäuse
Schwer: Mit Würmern fängt man Vögel

131. Morgen, morgen, nur nicht heute, sagen alle faulen Leute
Leicht: Morgen, morgen, nur nicht heute, sagen alle fleiß'gen Leute
Schwer: Gestern, gestern, nur nicht morgen, sagen alle Leut' mit Sorgen

132. Morgenstund hat Gold im Mund
Leicht: Abendstund hat Gold im Mund
Schwer: Morgenminute hat Silber in der Schnute

133. Neue Besen kehren gut
Leicht: Alte Besen kehren gut
Schwer: Lange Besen kehren besser

134. Not macht erfinderisch
Leicht: Not macht künstlerisch
Schwer: Wohlstand macht bequem

135. Nur die Harten kommen in den Garten
Leicht: Nur die Taten kommen in den Garten
Schwer: Nur die Weichen schwimmen in den Teichen

136. Ohne Fleiß kein Preis
Leicht: Ohne Fleiß kein Eis
Schwer: Ohne Schweiß kein Fleiß

137. Ordnung ist das halbe Leben
Leicht: Ordnung ist das ganze Leben
Schwer: Chaos ist ein viertel Leben

138. Pack schlägt sich, Pack verträgt sich
Leicht: Sack schlägt sich, Sack verträgt sich
Schwer: Hans schlägt sich, Franz verträgt sich

139. Pech im Spiel, Glück in der Liebe
Leicht: Pech bei der Arbeit, Glück in der Liebe
Schwer: Pech beim Einkaufen, Glück beim Bezahlen

140. Probieren geht über Studieren
Leicht: Verlieren geht über Studieren
Schwer: Kosten geht über Rosten

141. Pünktlichkeit ist die Höflichkeit der Könige
Leicht: Redlichkeit ist die Höflichkeit der Könige
Schwer: Schnelligkeit ist die Verlässlichkeit der Mägde

142. Rache ist süß
Leicht: Rache ist sauer
Schwer: Versöhnung ist salzig

143. Reden ist Silber, Schweigen ist Gold
Leicht: Schweigen ist Silber, Reden ist Gold
Schwer: Sprechen ist Metall, Singen ist Stahl

144. Reisende soll man nicht aufhalten
Leicht: Reisende soll man nicht begleiten
Schwer: Rastende soll man nicht aufscheuchen

145. Rom wurde auch nicht an einem Tag erbaut
Leicht: Paris wurde auch nicht an einem Tag erbaut
Schwer: Prag wurde auch in einer Woche erbaut

146. Salz und Brot macht Wangen rot
Leicht: Pfeffer und Brot macht Wangen grün
Schwer: Zucker und Butter macht Nasen gelb

147. Schönheit liegt im Auge des Betrachters
Leicht: Schönheit liegt im Auge des Schaffenden
Schwer: Schönheit liegt in den Haaren des Friseurs

148. Schuster, bleib bei deinem Leisten
Leicht: Schuster, bleib bei deinen Schuhen
Schwer: Müller, bleib bei deinem Mahlen

149. Sich regen bringt Segen
Leicht: Sich sonnen bringt Segen
Schwer: Zu sägen bringt Regen

150. So wie die Alten pfeifen, so zwitschern die Jungen
Leicht: So wie die Mädchen pfeifen, so zwitschern die Jungen
Schwer: So wie die Meisen zwitschern, so singen die Amseln

151. Spare in der Zeit, so hast du in der Not
Leicht: Spare in der Not, so hast du in der Zeit
Schwer: Spare bei der Uhr, so hast du viel mehr Zeit

152. Steter Tropfen höhlt den Stein
Leicht: Steter Tropfen höhlt den Marmor
Schwer: Stetes Klopfen höhlt den Baumstamm

153. Stille Wasser sind tief
Leicht: Ruhige Wasser sind tief
Schwer: Laute Wasser sind rau

154. Trautes Heim, Glück allein
Leicht: Trautes Heim, Pech allein
Schwer: Fremdes Heim, Glück zu zwei'n

155. Trocken Brot macht Wangen rot
Leicht: Frisches Brot macht Wangen rot
Schwer: Steter Fleiß macht Wangen weiß

156. Über Geschmack lässt sich nicht streiten
Leicht: Über Gewürze lässt sich nicht streiten
Schwer: Über Düfte lässt sich diskutieren

157. Übung macht den Meister
Leicht: Faulheit macht den Meister
Schwer: Probieren macht den Lehrling

158. Umsonst ist nur der Tod, und der kostet das Leben
Leicht: Im Angebot ist nur der Tod,
und der kostet das Leben
Schwer: Teuer ist nur das Leben,
denn das kostet den Tod

159. Unter den Blinden ist der Einäugige König
Leicht: Unter den Sehenden ist der Zweiäugige König
Schwer: Unter den Tauben ist der Zweiohrige Kaiser

160. Unwissenheit schützt vor Strafe nicht
Leicht: Unwissenheit schützt vor Belohnung nicht
Schwer: Wissen schützt vor Loblied nicht

161. Vertrauen ist gut, Kontrolle ist besser
Leicht: Kontrolle ist gut, Vertrauen ist besser
Schwer: Nachsicht ist gut, Vorsicht ist besser

162. Viele Köche verderben den Brei
Leicht: Viele Müller verderben den Brei
Schwer: Viele Bäcker verderben den Tortenbelag

163. Viele Wege führen nach Rom
Leicht: Viele Autobahnen führen nach Rom
Schwer: Viele Pfade führen nach London

164. Vorsicht ist die Mutter der Porzellankiste
Leicht: Nachsicht ist die Mutter der Porzellankiste
Schwer: Vorsicht ist der Vater der Werkzeugkiste

165. Vorfreude ist die schönste Freude
Leicht: Nachfreude ist die schönste Freude
Schwer: Schadenfreude ist die hässlichste Freude

166. Wahre Schönheit kommt von innen
Leicht: Wahre Schönheit kommt von außen
Schwer: Innere Schönheit kommt vom Wahren

167. Was der Bauer nicht kennt, frisst er nicht
Leicht: Was der Knecht nicht kennt, frisst er nicht
Schwer: Was die Bäuerin nicht kennt, trinkt sie nicht

168. Was du heute kannst besorgen, das verschiebe nicht auf morgen
Leicht: Was du gestern kannst besorgen, das verschiebe nicht auf morgen
Schwer: Was du Freitag kannst besorgen, das verschiebe nicht auf Samstag

169. Was du nicht willst, das man dir tu, das füg auch keinem andern zu
Leicht: Was du willst, das man dir tu, das füg ruhig einem andern zu
Schwer: Was du nicht magst, das man dir schenkt, das schenk auch keinem neben dir

170. Was Hänschen nicht weiß, lernt Hans nimmermehr
Leicht: Was Fränzchen nicht weiß, lernt Franz nimmermehr
Schwer: Was Mayers nicht wissen, lernen Müllers nimmermehr

171. Was lange währt, wird endlich gut
Leicht: Was neulich währt, wird endlich gut
Schwer: Was immer währt, währt ewig gut

172. Was man nicht im Kopf hat, muss man in den Beinen haben
Leicht: Was man nicht im Arm hat, muss man in den Beinen haben
Schwer: Was man nicht im Bein hat, muss man im Gedächtnis haben

173. Was nicht ist, kann ja noch werden
Leicht: Was nicht war, kann ja noch werden
Schwer: Was nicht wird, kann ja noch bleiben

174. Wem man den kleinen Finger gibt, der nimmt oft die ganze Hand
Leicht: Wem man den kleinen Zeh gibt, der nimmt oft den ganzen Fuß
Schwer: Wem man den kleinen Finger nimmt, der gibt oft die ganze Faust

175. Wenn der Berg nicht zum Propheten kommt, muss der Prophet zum Berg kommen
Leicht: Wenn der Prophet nicht zum Berg kommt, muss der Berg zum Propheten kommen
Schwer: Wenn die Universität nicht zum Professor kommt, muss der Professor zur Universität gehen

176. Wenn einer eine Reise tut, so kann er was erzählen
Leicht: Wenn einer eine Arbeit tut, so kann er was erzählen
Schwer: Wenn zweie ein Tagwerk tun, so können sie was berichten

177. Wenn zwei sich streiten, freut sich der Dritte
Leicht: Wenn drei sich streiten, freut sich der Zweite
Schwer: Wenn vier sich freuen, streiten sich fünf

178. Wer anderen eine Grube gräbt, fällt selbst hinein
Leicht: Wer mir eine Grube gräbt, purzelt selbst hinein
Schwer: Wer anderen einen Hügel aufschüttet, stolpert selbst darüber

179. Wer austeilt, muss auch einstecken können
Leicht: Wer einsteckt, muss auch austeilen können
Schwer: Wer verteilt, muss auch annehmen können

180. Wer den Pfennig nicht ehrt, ist des Talers nicht wert
Leicht: Wer die Münze nicht ehrt, ist des Talers nicht wert
Schwer: Wer das Silber nicht ehrt, ist des Goldes nicht wert

181. Wer den Schaden hat, braucht für den Spott nicht zu sorgen
Leicht: Wer den Spott hat, braucht für den Schaden nicht zu sorgen
Schwer: Wer die Arbeit hat, braucht für Beschäftigung nicht zu sorgen

182. Wer einmal lügt, dem glaubt man nicht, und wenn er auch die Wahrheit spricht
Leicht: Wer zweimal lügt, dem glaubt man nicht, und wenn er auch viel Wahres spricht
Schwer: Wer einmal schweigt, den hört man nicht, und wenn er auch noch lauter spricht

183. Wer im Glashaus sitzt, soll nicht mit Steinen werfen
Leicht: Wer im Steinhaus sitzt, soll nicht mit Gläsern werfen
Schwer: Wer im Holzhaus sitzt, soll nicht mit Feuer spielen

184. Wer Liebe sät, wird Freude ernten
Leicht: Wer Liebe sät, wird Äpfel ernten
Schwer: Wer Hass sät, wird Missgunst ernten

185. Wer nicht hören will, muss fühlen
Leicht: Wer nicht fühlen will, muss hören
Schwer: Wer nicht sehen will, muss stolpern

186. Wer nicht kommt zur rechten Zeit, der muss nehmen, was übrig bleibt
Leicht: Wer nicht geht zu rechten Zeit, der muss nehmen, was übrig bleibt
Schwer: Wer nicht kommt zur linken Zeit, der muss geben, was er übrig hat

187. Wer nicht wagt, der nicht gewinnt
Leicht: Wer nicht gewinnt, der nicht gewagt
Schwer: Wer nicht sagt, der nicht bekommt

188. Wer nie sein Brot im Bette aß, weiß nicht, wie Krümel piken
Leicht: Wer nie seinen Keks im Bette aß, weiß nicht, wie Krümel piken
Schwer: Wer nie die Wurst im Bette aß, weiß nicht, wie Brote piken

189. Wer rastet, der rostet
Leicht: Wer rostet, der rastet
Schwer: Wer röstet, der toastet

190. Wer zuerst kommt, mahlt zuerst
Leicht: Wer zuerst kommt, drischt zuerst
Schwer: Wer zuletzt kommt, sägt zuerst

191. Wer schön sein will, muss leiden
Leicht: Wer hässlich sein will, muss leiden
Schwer: Wer hübsch sein will, muss genießen

192. Wer sich die Suppe einbrockt, muss sie auch auslöffeln
Leicht: Wer sich den Brei einbrockt, muss ihn auch auslöffeln
Schwer: Wer sich die Soße andickt, muss die Klümpchen auch aufessen

193. Wer zuletzt lacht, lacht am besten
Leicht: Wer zuerst lacht, lacht am besten
Schwer: Wer zuerst grinst, lacht am schönsten

194. Wie der Vater, so der Sohn
Leicht: Wie die Mutter, so die Tochter
Schwer: Wie der Ganter, so das Küken

195. Wie man in den Wald hineinruft, so schallt es heraus
Leicht: Wie man ins Gebüsch hineinruft, so schallt es heraus
Schwer: Wie man aus dem Gebirge hinausruft, so schallt es hinein

196. Wie man sich bettet, so liegt man
Leicht: Wie man sich bettet, so steht man
Schwer: Wie man sich stuhlt, so sitzt man

197. Wo ein Wille ist, ist auch ein Weg
Leicht: Wo ein Wille ist, ist auch eine Treppe
Schwer: Wo ein Wunsch ist, ist auch ein Pfad

198. Wo gehobelt wird, da fallen Späne
Leicht: Wo gesägt wird, da fallen Späne
Schwer: Wo geschneidert wird, da liegen Fäden

199. Wo man singt, lass dich ruhig nieder, böse Menschen kennen keine Lieder
Leicht: Wo man spielt, lass dich ruhig nieder, böse Menschen kennen keine Spiele
Schwer: Wo man liest, lass dich ruhig nieder, nette Menschen kennen viele Bücher

200. Wo viel Licht ist, ist auch viel Schatten
Leicht: Wo wenig Licht ist, ist auch wenig Schatten
Schwer: Wo wenig Schatten ist, ist auch viel Sonne

Verdrehte Redewendungen

1. Das A und O
   Das B und O

2. Er hat alles abgeklappert
   Er hat alles abgescheppert

3. Jemand hat abgekupfert
   Jemand hat abgegoldet

4. Sicher wie in Abrahams Schoß
   Sicher wie in Abrahams Bauch

5. Das kannst du dir abschminken
   Das kannst du dir abwischen

6. Er ist ständig auf Achse
   Er ist ständig auf Motor

7. Sich vom Acker machen
   Sich vom Feld machen

8. Jemanden zur Ader lassen
   Jemanden zum Nerv lassen

9. Aussehen wie ein Affe auf dem Schleifstein
   Aussehen wie ein Affe auf dem Feuerstein

10. Sich zum Affen machen
Sich zum Biber machen

11. Das ist ein Affentheater
Das ist ein Mäusetheater

12. So sicher wie das Amen in der Kirche
So sicher wie das Amen im Theater

13. Äpfel mit Birnen vergleichen
Quitten mit Birnen vergleichen

14. In den sauren Apfel beißen
In die saure Birne beißen

15. Etwas für einen Apfel und ein Ei kaufen
Etwas für eine Pflaume und ein Ei kaufen

16. Ein Zankapfel
Ein Freudapfel

17. Ein Armutszeugnis
Ein Reichtumszeugnis

18. Etwas aus dem Ärmel schütteln
Etwas aus dem Hosenbein schütteln

19. Mit Argusaugen bewachen
    Mit Herasaugen bewachen

20. Sich den Arsch aufreißen
    Sich den Arm aufreißen

21. Am Arsch der Welt
    Am Kopf der Welt

22. Das geht ihm am Arsch vorbei
    Das geht ihm am Bein vorbei

23. Ihm geht der Arsch auf Grundeis
    Ihm geht der Fuß auf Grundeis

24. Die Arschkarte haben
    Die Kopfkarte haben

25. Asche auf mein Haupt
    Asche auf meinen Fuß

26. Ein Ass im Ärmel haben
    Einen Buben im Ärmel haben

27. Das Auge des Gesetzes
    Die Finger des Gesetzes

28. Ein Auge auf jemanden werfen
Ein Ohr auf jemanden werfen

29. Etwas ausbaden müssen
Etwas ausduschen müssen

30. Einen Fehler ausmerzen
Einen Fehler ausmaien

31. Jemanden ausstechen
Jemanden auspiksen

32. Sich wie ein Backfisch benehmen
Sich wie ein Kochfisch benehmen

33. Nur Bahnhof verstehen
Nur Flughafen verstehen

34. Am Ball bleiben
Am Schläger bleiben

35. Den Ball flach halten
Die Kugel flach halten

36. Mit harten Bandagen kämpfen
Mit harten Wickeln kämpfen

37. Etwas auf die lange Bank schieben
    Etwas auf den langen Stuhl schieben

38. Da steppt der Bär
    Da steppt der Löwe

39. Jemandem einen Bären aufbinden
    Jemandem eine Maus aufbinden

40. Jemandem einen Bärendienst erweisen
    Jemandem einen Hasendienst erweisen

41. Ein Bauernopfer bringen
    Ein Landwirtopfer bringen

42. Über den Berg sein
    Über den Hügel sein

43. Kämpfen wie ein Berserker
    Tanzen wie ein Berserker

44. Jetzt haben wir die Bescherung
    Jetzt haben wir die Geschenkeübergabe

45. Da fress ich einen Besen
    Da fress ich eine Kehrschaufel

46. Hinter die Binde kippen
Hinter den Wickel kippen

47. Eine Binsenweisheit
Eine Besenweisheit

48. Kein Blatt vor den Mund nehmen
Kein Blatt vor die Ohren nehmen

49. Blaumachen
Rotmachen

50. Blümchenkaffee
Blümchenwasser

51. Etwas durch die Blume sagen
Etwas durch den Baum sagen

52. Blut und Wasser schwitzen
Saft und Wasser schwitzen

53. Den Bock zum Gärtner machen
Den Bock zum Hausmeister machen

54. Jemanden ins Bockshorn jagen
Jemanden ins Bocksgehege jagen

Verdrehte Redewendungen

55. Das sind böhmische Dörfer für mich
    Das sind bayrische Dörfer für mich

56. Dumm wie Bohnenstroh
    Dumm wie Erdbeerstroh

57. Den Braten riechen
    Den Kuchen riechen

58. Für jemanden in die Bresche springen
    Für jemanden in die Lücke springen

59. Ein Brett vor dem Kopf haben
    Ein Brett vor dem Po haben

60. Brief und Siegel darauf geben
    Brief und Briefmarke darauf geben

61. Kleine Brötchen backen müssen
    Kleine Kuchen backen müssen

62. In die Brüche gehen
    In die Brüche kommen

63. Alle Brücken hinter sich abbrechen
    Alle Straßen hinter sich abbrechen

64. Wie es im Buche steht
Wie es im Hefte steht

65. Jemandem den Buckel runterrutschen
Jemandem den Rücken runterrutschen

66. Alles in Butter
Alles in Öl

67. Sich nicht unterbuttern lassen
Sich nicht unterfetten lassen

68. Sich nicht die Butter vom Brot nehmen lassen
Sich nicht die Marmelade vom Brot nehmen lassen

69. Butter bei die Fische
Butter bei die Schnitzel

70. Jemandem etwas aufs Butterbrot schmieren
Jemandem etwas aufs Kuchenstück schmieren

71. Die Chemie zwischen uns stimmt
Die Physik zwischen uns stimmt

72. Das kannst du halten wie ein Dachdecker
Das kannst du halten wie ein Maurer

73. Jemandem aufs Dach steigen
Jemandem in den Keller steigen

74. Etwas unter Dach und Fach bringen
Etwas unter Krach und Lach bringen

75. Einen Dachschaden haben
Einen Kellerschaden haben

76. Ein Dauerbrenner
Ein Sauerbrenner

77. Die Daumenschrauben anziehen
Die Zehenschrauben anziehen

78. Ei der Daus!
Ei die Maus!

79. Unter einer Decke stecken
Unter einem Dach stecken

80. Jemandem einen Denkzettel verpassen
Jemandem ein Denkbuch verpassen

81. Mit jemandem durch dick und dünn gehen
Mit jemandem durch groß und klein gehen

82. Wenn es kommt, kommt es dick
Wenn es kommt, kommt es dünn

83. Es herrscht dicke Luft
Es herrscht dünne Luft

84. Ein Drahtseilakt
Ein Drahtbandstück

85. Auf Draht sein
Auf Seil sein

86. Ein Drahtzieher
Ein Drahtdrücker

87. Dreck am Stecken haben
Blumen am Stecken haben

88. Eine alte Frau ist doch kein D-Zug
Eine alte Frau ist doch kein ICE

89. Der Drops ist gelutscht
Die Erbse ist gelutscht

90. Jemanden in die Ecke stellen
Jemanden in die Mitte stellen

91. Etwas aus dem Effeff beherrrschen
Etwas aus dem EmmEmm beherrschen

92. Ein gehörtner Ehemann
Ein gezähnter Ehemann

93. Das Ei des Kolumbus
Der Ball des Kolumbus

94. Eier in der Hose haben
Eier im Pullover haben

95. Alles im Eimer
Alles im Topf

96. Sich benehmen wie ein Elefant im Porzellanladen
Sich benehmen wie ein Bär im Porzellanladen

97. Die graue Eminenz
Die blaue Eminenz

98. Bis zum bitteren Ende
Bis zum süßen Ende

99. Das Ende der Fahnenstange
Das Ende der Fahrradstange

100. Ende Gelände
Anfang Gelände

101. Eine Eselsbrücke
Eine Eselsstraße

102. Eulen nach Athen tragen
Tauben nach Athen tragen

103. Den Faden verlieren
Die Schnur verlieren

104. Das zieht sich durch wie ein roter Faden
Das zieht sich durch wie ein blauer Faden

105. Am seidenen Faden hängen
Am Baumwollfaden hängen

106. Das Fähnlein nach dem Wind drehen
Das Fähnlein nach der Sonne drehen

107. Farbe bekennen
Farbe verleugnen

108. Dem Fass dem Boden ausschlagen
Dem Fass den Deckel ausschlagen

109. Das passt wie die Faust aufs Auge
Das passt wie die Faust aufs Ohr

110. Sich mit fremden Federn schmücken
Sich mit fremden Kleidern schmücken

111. Jemandem das Fell über die Ohren ziehen
Jemandem das Fell über die Füße ziehen

112. Ein Fels in der Brandung
Ein Berg in der Brandung

113. Weg vom Fenster sein
Weg von der Tür sein

114. Fersengeld geben
Zehengeld geben

115. Sein Fett wegbekommen
Seine Butter wegbekommen

116. Ins Fettnäpfchen treten
Ins Buttertöpfchen treten

117. Eine Feuertaufe
Eine Feuergeburt

118. Einen Filmriss haben
Einen Filmflicken haben

119. Im falschen Film sein
Im falschen Theaterstück sein

120. Flausen im Kopf haben
Grausen im Kopf haben

121. Zwei Fliegen mit einer Klappe schlagen
Zwei Mücken mit einer Klappe schlagen

122. Die Flinte ins Korn werfen
Die Flinte ins Gemüse werfen

123. Jemandem einen Floh ins Ohr setzen
Jemandem eine Fliege ins Ohr setzen

124. Fremdgehen
Bekanntgehen

125. Einen Frosch im Hals haben
Eine Kröte im Hals haben

126. Fünf gerade sein lassen
Fünf schräg sein lassen

127. Mit dem falschen Fuß aufgestanden sein
Mit dem falschen Fuß schlafen gegangen sein

128. In jemandes Fußstapfen treten
In jemandes Handabdrücke fassen

129. Es ist fünf vor zwölf
Es ist fünf vor drei

130. Jemandem reißt der Geduldsfaden
Jemandem reißt das Geduldsseil

131. Jemandem auf den Geist gehen
Jemandem auf das Gespenst gehen

132. Zu tief ins Glas blicken
Zu tief in die Suppenschüssel blicken

133. An die große Glocke hängen
An die kleine Glocke hängen

134. Auf die Goldwaage legen
Auf die Silberwaage legen

135. Ins Gras beißen
Ins Heu beißen

136. Die Gretchenfrage
Die Hänselfrage

137. Sich nicht grün sein
Sich nicht blau sein

138. Dasselbe in Grün
Dasselbe in Rot

139. Unter die Gürtellinie gehen
Unter die Hosenbundlinie gehen

140. Das Haar in der Suppe finden
Die Nudel in der Suppe finden

141. Haare auf den Zähnen haben
Haare auf den Zehennägeln haben

142. An den Haaren herbeigezogen sein
Am Arm herbeigezogen sein

143. Dich sticht wohl der Hafer!
Dich sticht wohl der Weizen!

144. Danach kräht kein Hahn
Danach gurrt keine Taube

145. Der Hahn im Korb
Die Henne im Korb

146. Die Sache hat einen Haken
Die Sache hat ein Loch

147. Den Hals nicht voll kriegen
Den Hals nicht leer kriegen

148. Hals über Kopf
Arm über Kopf

149. Etwas in den falschen Hals bekommen
Etwas in die falsche Nase bekommen

150. Jemandem die Hammelbeine langziehen
Jemandem die Schweinebeine langziehen

151. Die Hand für etwas ins Feuer legen
Die Hand für etwas ins Wasser legen

152. Eine Handbreit Wasser unterm Kiel
Einen Fußbreit Wasser unterm Kiel

153. Hand und Fuß haben
Hand und Finger haben

154. Das Handtuch werfen
Den Waschlappen werfen

155. Jemandem ins Handwerk pfuschen
Jemandem ins Fußwerk pfuschen

156. Im Handumdrehen
Im Fußumdrehen

157. Jemandem das Handwerk legen
Jemandem das Fußwerk legen

158. Etwas mit Hängen und Würgen schaffen
Etwas mit Stehen und Würgen schaffen

159. Hansdampf in allen Gassen sein
Hans-Eis in allen Gassen sein

160. Da liegt der Hase im Pfeffer!
Da liegt der Hase im Salz!

161. Unter die Haube kommen
Unter den Kofferraum kommen

162. Haus und Hof verspielen
Wohnung und Balkon verspielen

163. Auf der faulen Haut liegen
Auf der fleißigen Haut liegen

164. Es zieht wie Hechtsuppe
Es zieht wie Forellensuppe

165. Sich ins Hemd machen
Sich in den Pulli machen

166. Die Henkersmahlzeit
Die Henkersschlafenszeit

167. Mir ist das Herz ist in die Hose gerutscht!
Mir ist die Milz ist in die Hose gerutscht!

168. Jemandem das Herz brechen
Jemandem die Leber brechen

169. Das ist kein Hexenwerk
Das ist kein Zaubererwerk

170. Im siebten Himmel schweben
Im neunten Himmel schweben

171. Auf zwei Hochzeiten tanzen
Auf zwei Hochzeiten trinken

172. Einer Frau den Hof machen
Einer Frau das Haus machen

173. Eher friert die Hölle zu
Eher taut die Hölle auf

174. Holland in Not
England in Not

175. Holzauge, sei wachsam
Glasauge, sei wachsam

176. Viel Holz vor der Hütte haben
Viel Metall vor der Hütte haben

177. Auf dem Holzweg sein
Auf dem Steinweg sein

178. Die Hosen anhaben
Die Jacken anhaben

179. In die Hose gehen
In den Pullover gehen

180. Heute hü, morgen hott sagen
Heute mäh, morgen muh sagen

Verdrehte Redewendungen

181. Auf den Hund kommen
Auf die Katze kommen

182. Ein Hühnchen mit jemandem rupfen
Einen Fasan mit jemandem rupfen

183. Da liegt der Hund begraben!
Da wurde der Hund ausgebuddelt!

184. Das ist ja ein dicker Hund!
Das ist ja ein dünner Hund!

185. Vor die Hunde gehen
Vor den Hunden stehen

186. Im wahrsten Sinne des Wortes
Im falschesten Sinne des Wortes

187. Jägerlatein
Hirschlatein

188. Über den Jordan gehen
Über den Rhein gehen

189. Dazu kam ich wie die Jungfrau zum Kinde
Dazu kam ich wie die Oma zum Kinde

190. Ich habe den Kaffee auf
Ich habe den Kuchen auf

191. Wo kommen wir denn da hin!
Wo gehen wir denn da hin!

192. Unter aller Kanone
Unter aller Pistole

193. Auf die hohe Kante legen
Auf die hohe Ecke legen

194. Mit offenen Karten spielen
Mit offenen Karten werfen

195. Zusammenfallen wie ein Kartenhaus
Zusammenfallen wie ein Sandhaus

196. Die Kastanien aus dem Feuer holen
Die Eicheln aus dem Feuer holen

197. Die Katze aus dem Sack lassen
Den Hund aus dem Sack lassen

198. Eine Katze hat sieben Leben
Ein Eichhörnchen hat sieben Leben

199. Das ist für die Katz
Das ist für die Maus

200. Katzenjammer
Hundejammer

201. Katz und Maus spielen
Hund und Katz spielen

202. Einen Kater haben
Einen Rüden haben

203. Jemandem auf den Keks gehen
Jemandem auf den Kuchen gehen

204. Etwas auf die Kette kriegen
Etwas auf den Ring kriegen

205. Kindskopf
Opaskopf

206. Etwas übers Knie brechen
Etwas über den Ellenbogen brechen

207. Der Knoten ist geplatzt
Die Schleife ist geplatzt

208. Den Kopf in den Sand stecken
Den Kopf in den Stein stecken

209. Jemandem den Kopf waschen
Jemandem die Füße waschen

210. Den eigenen Kopf durchsetzen
Den eigenen Po durchsetzen

211. Mir platzt der Kragen
Mir platzt der Ausschnitt

212. In der Kreide stehen
In der Farbe stehen

213. Drei Kreuze machen
Drei Kreise machen

214. Einen Zacken aus der Krone brechen
Einen Zacken aus der Harke brechen

215. Eine Kröte schlucken
Eine Maus schlucken

216. Zum Kuckuck noch mal!
Zur Taube noch mal!

217. Das geht auf keine Kuhhaut
Das geht auf keine Pferdehaut

218. Den Kürzeren ziehen
Den Längeren ziehen

219. Für jemanden eine Lanze brechen
Für jemanden einen Speer brechen

220. Jemandem durch die Lappen gehen
Jemandem durch den Staubwedel gehen

221. Den Laufpass bekommen
Den Stehpass bekommen

222. Mit seinem Latein am Ende sein
Mit seinem Latein am Anfang sein

223. Beleidigte Leberwurst
Beleidigte Dauerwurst

224. Frei von der Leber weg
Frei von der Lunge weg

225. Zieh Leine!
Zieh Seil!

226. Den Löffel abgeben
Die Gabel abgeben

227. Lügen wie gedruckt
Sprechen wie gedruckt

228. Lunte riechen
Zündholz riechen

229. Der Mantel des Schweigens
Die Jacke des Schweigens

230. Jemandem den Marsch blasen
Jemandem die Musik blasen

231. Auf der Matte stehen
Auf der Platte stehen

232. Mauerblümchen sein
Mauerbäumchen sein

233. Das ist zum Mäusemelken!
Das ist zum Schweinemelken!

234. Hinter dem Mond leben
Hinter dem Mars leben

235. Jemanden zum Mond schießen
Jemanden zum Jupiter schießen

236. Auf den Mund gefallen sein
Auf die Ohren gefallen sein

237. Dann gute Nacht!
Dann guten Tag!

238. Nacht-und-Nebel-Aktion
Nacht-und-Regen-Aktion

239. Jemandem unter den Nägeln brennen
Jemandem unter den Haaren brennen

240. Aus dem Nähkästchen plaudern
Aus dem Werkzeugkästchen plaudern

241. Ach, du grüne Neune!
Ach, du blaue Neune!

242. Wie der Ochs vorm Berg
Wie der Ochs vorm Tal

243. Das ist nicht ohne!
Das ist nicht mit!

244. Jemanden übers Ohr hauen
Jemanden übers Auge hauen

245. Öl ins Feuer gießen
Öl ins Wasser gießen

246. Das sind zwei Paar Stiefel
Das sind zwei Paar Handschuhe

247. Jemanden auf die Palme bringen
Jemanden auf die Tanne bringen

248. Ich kenne meine Pappenheimer
Ich kenne meine Kartonheimer

249. Das ist kein Pappenstiel
Das ist kein Holzstiel

250. Paragraphenreiter
Gesetzreiter

251. Auf die Pauke hauen
Auf die Trommel hauen

252. Pi mal Daumen
Epsilon mal Daumen

253. Jemanden in die Pfanne hauen
Jemanden in den Topf hauen

254. Das Pferd von hinten aufzäumen
Das Pferd von vorne aufzäumen

255. Die Sache hat einen Pferdefuß
Die Sache hat einen Ziegenfuß

256. Wie Pilze aus dem Boden schießen
Wie Gänseblümchen aus dem Boden schießen

257. Viel Porzellan zerschlagen
Viel Glas zerschlagen

258. Der springende Punkt
Der sitzende Punkt

259. Bis in die Puppen
Bis in die Teddybären

260. Pustekuchen
Pustekekse

261. Auf den Putz hauen
Auf die Mauer hauen

262. Das ist die Quadratur des Kreises
Das ist die Verkreisung des Quadrats

263. Ein Rad ab haben
Eine Achse ab haben

264. Im Rampenlicht stehen
Im Rampenlicht sitzen

265. Alle Register ziehen
Alle Schubladen ziehen

266. In die Röhre gucken
In den Zylinder gucken

267. Mit dem Rücken zur Wand
Mit dem Bauch zur Wand

268. In Sack und Asche
In Tüte und Asche

269. Da haben wir den Salat
Da haben wir den Spinat

270. Etwas in den Sand setzen
Etwas in den Lehm setzen

271. Das Salz in der Suppe
Der Zucker in der Suppe

272. Seine Schäfchen ins Trockene bringen
Seine Schäfchen ins Nasse bringen

273. Den Schalk im Nacken haben
Den Schalk im Rücken haben

274. Er ist ein Schatten seiner selbst
Er ist ein Schatten seines Nächsten

275. Schief gewickelt sein
Gerade gewickelt sein

276. Jemanden auf die Schippe nehmen
Jemanden auf die Harke nehmen

277. Einen Schlussstrich ziehen
Einen Schlusspunkt zeichnen

278. Abgehen wie Schmidts Katze
Abgehen wie Müllers Katze

279. Die Schnauze voll haben
Das Maul voll haben

Verdrehte Redewendungen

280. Sich freuen wie ein Schneekönig
Sich freuen wie ein Sonnenkönig

281. Schnee von gestern
Regen von gestern

282. Aus dem Schneider sein
Aus dem Frisör sein

283. Eine Schraube locker haben
Einen Nagel locker haben

284. Den Schuh zieh ich mir nicht an!
Die Jacke zieh ich mir nicht an!

285. Den Schuss nicht gehört haben
Den Knall nicht gehört haben

286. Ein Schuss in den Ofen
Ein Schuss in die Spülmaschine

287. Mein lieber Schwan!
Meine liebe Ente!

288. Ins Schwarze treffen
Ins Blaue treffen

289. Das kann kein Schwein lesen
Das kann kein Pferd lesen

290. Ein armes Schwein sein
Ein reiches Schwein sein

291. Sich auf die Socken machen
Sich auf die Handschuhe machen

292. Das kommt mir spanisch vor
Das kommt mir italienisch vor

293. Sich aus dem Staub machen
Sich aus dem Dreck machen

294. Jemanden zur Strecke bringen
Jemanden zur Straße bringen

295. Um des Kaisers Bart streiten
Um des Bettlers Bart streiten

296. Jemandem einen Strich durch die Rechnung machen
Jemandem einen Kreis durch die Rechnung machen

297. Die Suppe auslöffeln
Den Pudding auslöffeln

298. Süßholz raspeln
Sauerholz raspeln

299. Etwas unter den Teppich kehren
Etwas unter die Fliesen kehren